Lettere
Sigillate

Lettere Sigillate

Carole Shepherd

and

Derek Aust

Stanley Thornes (Publishers) Ltd

First published in 1986 by
Stanley Thornes (Publishers) Ltd,
Old Station Drive,
Leckhampton Road,
CHELTENHAM GL53 0DN

British Library Cataloguing in Publication Data

Aust, Derek
    Lettere sigillate.
    1. Letter writing, Italian
    I. Title   II. Shepherd, Carole
    808.6   PC1483

ISBN 0-85950-646-0

Typeset by Tech-Set, Gateshead, Tyne and Wear.
Printed and bound in Great Britain by Ebenezer Baylis & Son, Worcester

Contents

Acknowledgements

I am extremely grateful to the following people for their most valuable suggestions and contributions: Daniela Becchio, Mariella Scarpa, Marina Orsini, Luisa Quartermaine, and Maurizio Portici. I am also indebted to the Italian students who wrote replies to the model letter and to some of my colleagues at the South Devon College of Arts and Technology for their advice. Finally, a very big thank you to Carole Shepherd, the joint author, for typing out the material according to the necessary specification.

Derek Aust

I would like to express my gratitude to Jane Meazzini, Piero Cinciripini and Dr. C. Migliaccio for their very valuable advice and contributions. I am also most grateful to my students at Gosforth Adult Association who worked through some sample letters with great enthusiasm, and to Mr Charles Bruce, the husband of one of those students, for his illustrations. Last but not least, I wish to thank my husband, Adrian, for being on hand to ensure the smooth-running of the program and printout.

Carole Shepherd

Illustrations: Mr Charles Bruce

Photographs by kind permission of: Ufficio di Segreteria, Amministrazioni delle Poste e delle Telecomunicazioni, Roma.

Introduction

People's reactions to letter writing are usually very mixed. There are those who relish the idea of putting pen to paper, there are others who will do their utmost to avoid it. However, if you wish to maintain contact with friends living abroad then letter writing becomes a necessity, simply because making long-distance telephone calls is costly for the vast majority. This book has been devised to help you write more proficiently and idiomatically the kind of letters you might be expected to write in the course of your contact with Italians, whether it be on an informal or formal level.

The first section of the book, entitled INFORMAL LETTERS, will enable you to practise writing letters of a personal nature i.e. you are being asked to write to people you already know. In the second section, FORMAL LETTERS, the tone of the letter needs to be more "official" as the recipient is unknown to you. To help you to adjust to the appropriate format and style, a number of guidelines are given in the introduction to each section.

Some general observations

1   There are some minor differences in the way Italians address their envelopes. Note the following example:

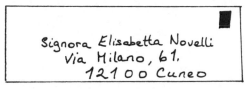

The house number comes after the street name and the postal code precedes the name of the town. It is recommended that the postal code be included.

2   Most other information to be found on envelopes is normally in the form of stick-on labels, such as:

Via aerea	— *by air*
Espresso	— *express/special delivery*
(Lettera) raccomandata	— *registered letter*

A request which one might well need to write on the envelope is:

Si prega di inoltrare	— *please forward*

This should be written in the top left-hand corner.

3   If you are writing to someone staying with an Italian family you should address the envelope as in the example below:

Note that many Italians now tend to put c/o instead of *presso*.

4   Even if they are writing on headed paper the majority of Italians write their name and address on the back of the envelope. Some put their surname first and their Christian name afterwards, others do it in the reverse order. You may also see *"mittente" (mitt.,) – sender*, written in front of the name.

You might well consider following this procedure because your letter can be returned to you without being opened should it not reach the intended *"destinatario" – addressee*.

Part 1 Informal letters

Making the most of each unit

In each unit you are asked to write a letter to Italian people with whom you are on friendly terms. You should first read the stimulus letter very carefully as this will serve as a basis for your reply. A certain amount of vocabulary has been listed below each letter to enable you to grasp the meaning of the words in their given context. Each reply has one main function, e.g. asking a favour or offering advice, but in any one letter it would not be uncommon to use a variety of functions. It is with this in mind that some points have been extracted from the stimulus letter and you might like to refer to these before going on to your main purpose for writing. Finally a range of expressions have been provided to help you to formulate and structure your reply in a coherent and fluent manner. It is up to you to select the ones you feel are appropriate to the particular points you wish to develop.

Setting out your letter – some general guidelines

Unlike formal letter writing, for which there are certain conventions that are more rigidly observed, the same cannot be said about writing letters to friends. In the case of personal letter writing, it is only possible to give some very general guidelines because differences will occur from one individual to another. A straightforward case in point is the way of writing the date. The following examples are quite common:

> 18 ottobre 1986
> 18-10-86
> 18/10/86
> 18.10.86

However, the following layout is acceptable and worth noting:

Notes

1 Most Italians put the town and date in the top right hand corner. As indicated previously, they usually put their name and address on the back of the envelope.

2 The first line of the letter usually starts just under or slightly to the right of the name.

3 The final greeting normally appears in the middle of the page with the signature underneath.

1

The content

In order to acknowledge receipt of your friend's letter – this is the standard practice. e.g.

> Grazie per la tua lettera che ...
> La tua lettera mi è arrivata ...
> Ti ringrazio della tua gentile lettera ...

and making some reference to the contents, which might take the form of general remarks, answering queries or providing information,

> Mi ha fatto molto piacere che ...
> Mi scrivi che ti va male tutto ...
> Anch'io ho avuto moltissimo lavoro in questo ultimo periodo e posso ben capire che ...
> Spero che le vacanze siano andate per il meglio ...

you should then go on to your specific reason for writing.

Modes of address

These will vary according to the relationship you have with the intended recipient/s of your letter. If you are writing to close friends or relatives then modes of address under **A** will be appropriate. If you are writing to someone that you don't know well, and particularly if the person in question is older than you are, then you should select from those under **B**.

A	Ciao Giorgio (very informal)	**B**	Cara Signora Rastelli	
	Carissimo Giovanni		Gentile Signorina Martini	} more formal
	Cara Elena		Egregio Professore	

Remember that under category **A** the subject form is "*tu*" whereas under **B** you should use the "*Lei*" form. You must take care not to switch from one form to the other, i.e. ensure that you use all the appropriate forms to go with the "*tu*" or the "*Lei*" e.g.

A	Ti chiedo scusa ...	**B**	La ringrazio molto per la Sua lettera ...
	Ho ricevuto la tua lettera ...		Le telefonerò quando ...
	Rispondimi subito ...		Vorrei parlare con Lei ...
	Mi puoi dare un colpo di telefono ...		Mi dica quando ...

Similar considerations should also be given to your final greeting. There are so many possibilities when it comes to signing off.

A	Un bacione	more familiar	**B**	In attesa della Sua lettera porgo cari
	Baci	very close friends		saluti a Lei e alla Sua
	Ciao	↑		famiglia
	Un caro abbraccio			Cordiali saluti
	A presto			Le invio i miei saluti più affettuosi
	Un arrivederci a presto			e più sinceri
	Cari saluti			Sempre con vera amicizia
	Affettuosamente			
	Tanti saluti	↓		
	I migliori saluti	less familiar		

Model letter   Making an arrangement

Torino, 6 novembre.

Carissima Liz,

ho una notizia da darti! Finalmente qualcuno nella mia Facoltà si è preso la briga di organizzare un viaggio a Londra ad un prezzo accessibile anche a noi studenti squattrinati. Ma ci pensi, avremo finalmente l'occasione d'incontrarci dopo tutti questi anni. Non ti sembra meraviglioso? E' chiaro che per ora è solo un'idea, non c'è ancora niente di definitivo. Però ho voluto fartelo sapere subito, perché non stavo più nella pelle dalla contentezza.

Ieri, dopo tante maratone, ho finito di fare trasloco. Ho messo su un appartamentino veramente accogliente ed ho addirittura una stanza in più per gli ospiti. Se come tutti gli anni decidi di farti la settimana bianca, perché non fai un salto qui da me? Non mi sembra malvagia come idea. Io sono disponibile in qualsiasi periodo dell'anno. Non sta che a te decidere. Sarebbe così bello se potessimo combinare qualcosa!

Tanti saluti e baci,

Antonella

Vocabulary

la Facoltà	— faculty	mettere su	— to set up
prendersi la briga di	— to take the trouble to	accogliente	— comfortable
un prezzo accessibile	— a prize you can afford	addirittura	— even
squattrinato	— broke, hard up	l'ospite (m/f)	— guest
l'occasione (f)	— opportunity	la settimana bianca	— week's skiing
non stare più nella pelle	— to be beside oneself	fare un salto da	— to drop in on
la contentezza	— pleasure	malvagio	— bad
tante maratone	— so much racing back and forth, to-ing and fro-ing	disponibile	— free
		combinare	— to arrange
fare trasloco	— to move (house)		

Write a reply to the above letter and make an arrangement to meet your friend during her visit to England, if the trip comes off, or when you go on your skiing holiday to Italy, whichever is the more convenient.

The model letters and replies

I asked three Italians, who are presently studying English at the college where I work, to write a reply to the model letter. They kindly agreed to do this and the replies, which they wrote independently of one another, indicate how the approach to letter writing can differ from one person to the next.

All three replies are rather brief, the first one especially so. It's only reply 2 that takes up points mentioned in the model letter. The other two replies refer to the main function of making an arrangement. When writing your letter, therefore, you may wish to disregard the systematic approach that is being suggested in each unit. If you do this, however, then your replies may well lack the coherence and fluency that the units in the book are intended to encourage. One could come up with all sorts of reasons for writing a brief reply but you should be aiming to produce something in the region of 150–200 words.

Model reply 1

Carissima Antonella,

sembra proprio che questo sia l'anno buono. Riusciremo veramente ad incontrarci? Pare proprio di sì, ma ascolta il mio piano. Nel caso in cui la Facoltà riesca ad organizzare il viaggio a Londra fammi sapere con esattezza quando, così potrò liberarmi da impegni e combinare qualcosa insieme a te. Se poi tutto va a monte, sarò io a venirti a trovare nel mese di febbraio, cogliendo spudoratamente al volo il tuo invito.

Spero di ricevere al più presto una tua risposta in modo da poter organizzare qualcosa di definitivo.

A presto e baci,

Gianni.

Vocabulary

proprio	— *really*	*andare a monte*	— *to fail, to come to nothing*
il piano	— *plan*	*cogliere al volo*	— *to seize on, take up*
liberarsi (da)	— *to free oneself (from)*	*spudoratamente*	— *shamelessly*
l'impegno	— *commitment, engagement*		

Model reply 2

Cara Antonella,

ho appena ricevuto la tua lettera, quante sorprese! Prima, la notizia del viaggio a Londra, questa sì che è una buona occasione per incontrarci. Poi il trasloco. Mica lo sapevo che avevi intenzione di cambiare casa. Ma dividi l'appartamento con qualcuno o vivi tutta sola? Che effetto ti fa non vivere più con i tuoi, è stata proprio una liberazione?
Ritornando alla tua eventuale vacanza a Londra, come sai, non è che io abbia grossi impegni di lavoro, per cui l'importante è che la Facoltà organizzi il tutto e poi stai certa che in qualche modo ci vedremo. Dammi solo un colpo di telefono quando sai qualcosa di più preciso.
Per quanto riguarda la settimana bianca non ho ancora idea se me la potrò permettere quest'inverno. Comunque, grazie mille dell'invito, lo terrò a mente.

Sperando di vederci al più presto,
un salutone,
Flavia.

Vocabulary

appena	— *just*	*in qualche modo*	— *somehow (or other)*
dividere	— *to share*	*un colpo di telefono*	— *a ring*
eventuale	— *possible*	*per quanto riguarda*	— *as for*
impegno	— *commitment*	*permettersi*	— *to afford*
per cui	— *so that, and so*	*tenere a mente*	— *to keep (bear) in mind*
stare certo	— *to be sure*		

Model reply 3

Carissima Antonella,

ho ricevuto oggi la tua lettera. Sarebbe davvero molto bello se tu potessi venire a Londra! Mi farebbe veramente molto piacere rivederti dopo tanto tempo. Oltretutto, ti potrei fare da guida e sono certa che ci divertiremo moltissimo, tutte e due per le strade di Londra! Dunque, se decidi di venire, fammelo sapere al più presto in modo da poter incontrarci da qualche parte...magari all'aeroporto!

Se invece non puoi venire, penso proprio che ritornerò a sciare al solito posto. Ti ringrazio per il tuo invito che accetto con molto piacere.

Come tu ben sai, l'unico periodo in cui mi prendo qualche giorno di vacanza è in febbraio, dal 15 al 22. Arriverò probabilmente il 16. Per maggior sicurezza, proporrei di incontrarci il 17 febbraio al Caffè Roma, alle dieci. Che ne dici? Se per caso hai già qualche impegno per quell'ora fammelo sapere!

Tanti saluti e baci,

Isabella.

Vocabulary

davvero	— really	solito	— usual
oltretutto	— above all	per maggior sicurezza	— to be on the safe side
fare da guida	— to act as a guide	proporre (di)	— to propose, suggest
da qualche parte	— somewhere	per caso	— by chance

Londra, 12.11.1985

Carissima Antonella,

ho ricevuto oggi la tua lettera. Sarebbe davvero molto bello se tu potessi venire a Londra! Mi farebbe veramente piacere rivederti dopo tanto tempo. Oltretutto, ti potrei fare da guida e sono certa che ci divertiremo moltissimo, tutte e due, per le strade di Londra! Dunque, se decidi di venire, fammelo sapere al più presto in modo da poter incontrarci da qualche parte..... magari all'aeroporto!

Se invece non puoi venire, penso proprio che ritornerò a sciare al solito posto. Ti ringrazio per il tuo invito che accetto con molto piacere.

Come tu ben sai, l'unico periodo in cui mi prendo qualche giorno di vacanza è in febbraio, dal 15 al 22. Arriverò probabilmente il 16. Per maggior sicurezza, proporrei di incontrarci il 17 febbraio al Caffè Roma, alle dieci. Che ne dici? Se per caso hai già qualche impegno per quell'ora fammelo sapere!

Tanti saluti e baci,
Isabella.

Cuneo, 3 settembre

Ciao Sarah,

come vai? La tua lettera mi è arrivata tre giorni fa. Mi pare che quest'estate ti sia proprio divertita con quella compagnia d'italiani. Io non posso lamentarmi: ho trascorso dei meravigliosi fine settimana.

Purtroppo però, il tempo delle vacanze è passato e bisogna ricominciare a pensare allo studio. Visto che per te non sarebbe un problema ospitarmi una seconda volta, avrei in mente di ritornare in Inghilterra in ottobre se tu mi prometti di venire in Italia l'estate prossima.

Vorrei fermarmi per circa due mesi e frequentare il corso per studenti stranieri. Ma non so se tutto questo sia possibile, pensi che ti potresti informare per me? Te ne sarei molto grata perché dall'Italia non è facile mettersi in contatto con il "college".

Non ti ho ancora chiesto come è andato l'esame d'italiano. Secchiona come sei, scommetto che l'hai passato con il massimo dei voti o quasi. Fammi sapere qualcosa.

Comunque, tornando al discorso di prima, appena sai qualcosa di preciso sul "college", scrivimelo in modo che io possa decidere al più presto la data di partenza, visto che siamo già in settembre.

Scusa, ma adesso devo proprio lasciarti. Salutami tanto tutta la famiglia. Spero di vedervi tutti presto.

Baci,

Daniela

Vocabulary

lamentarsi	— *to complain*
purtroppo	— *unfortunately*
avere in mente (di)	— *to intend, have in mind*
frequentare	— *to attend*
straniero	— *foreign*
grato	— *grateful*
secchione/a*	— *swot*
scommettere	— *to bet*
il massimo dei voti	— *top (full) marks*
appena	— *as soon as*
in modo che	— *so that*

*very colloquial

Offerta d'ospitalità

Reply to the letter offering hospitality and saying that you will do your best to sort out the matter of attending English lessons.

In your reply you may wish to make reference to all, or some, of the following points:

1 Your parents will be delighted to put her up.
2 The possibility of going to Italy next year.
3 You will enquire at the college and at other schools in the area about attending English lessons.
4 If nothing official can be arranged, insist that your friend comes all the same and offer to help.
5 Mention exam results.
6 You'll give Daniela a ring.

You may find some of the following expressions useful for your reply:

I miei sarebbero ben felici di . . .
Possiamo parlare della mia eventuale visita quando . . .
Non ti preoccupare, ci penserò io a organizzare . . .
Darò un'occhiata in giro per vedere se . . .
Nel caso che io non trovassi niente . . .
Ti potrei dare una mano io se . . .
Spero che tu venga lo stesso anche se . . .
Grazie al cielo sono riuscito/a a . . .
Purtroppo non ho superato . . .
Visto che il tempo stringe cercherò di . . .
Ti darò un colpo di telefono appena . . .

Vocabulary

eventuale	— *possible*
dare un'occhiata in giro	— *to have a look around*
nel caso che io non trovassi	— *should I not find*
dare una mano	— *to help out*
lo stesso	— *all the same*
superare	— *to pass*
il tempo stringe	— *time is getting short*
cercare (di)	— *to try to*
dare un colpo di telefono (a)	— *to ring*

UNIT 2   Accepting or declining an invitation

Forlì, 2 luglio

Caro Robert,

come te la passi lassù in Inghilterra? Spero bene. E' un po' di tempo che non ci sentiamo per cui ho pensato di scriverti le ultime novità.

Prima di tutto voglio dirti che la scuola è finita e che tutto è andato bene. L'anno prossimo sarò in quinta e dovrò quindi dare l'esame di maturità. Ma per il momento, non ci voglio pensare. Preferisco piuttosto pensare al giorno del mio compleanno perché, come saprai, questo è un giorno molto importante per me. Compirò diciotto anni, e potrò così, prendere la patente di guida. Non vedo l'ora di guidare la macchina.

Siccome farò una festa ed inviterò tutti i miei amici mi piacerebbe moltissimo che venissi anche tu. Dato che è estate ti potresti fermare per qualche settimana. Per convincerti ti dirò che la festa sarà in campagna e che faremo una bella grigliata. Naturalmente ci saranno anche la piadina con prosciutto, la ciambella, e l'Albana e il Sangiovese a volontà. Per finire mia mamma preparerà dei chili di quel semifreddo che piace tanto a tutti e due, sia a me che a te. Allora ti va l'idea?

Sicuro di averti fatto venire l'acquolina in bocca, ti mando tanti saluti e un arrivederci a presto.

Giovanni.

Vocabulary

passarsela	— *to get on*
lassù	— *over there (lit. up there)*
per cui	— *so that, and so*
la quinta	— *final year of the secondary school system at the end of which one takes "l'esame di maturità")*
l'esame di maturità	— *(similar to) A level examination*
compiere	— *to be*
la patente di guida	— *driving licence*
non vedere l'ora di	— *to look forward to*
dato che	— *since, as, given that*
la grigliata	— *barbecue*
la piadina	— *flat, pancake-shaped bread usually eaten with some kind of filling and a speciality of the Romagna area*
la ciambella	— *ring-shaped cake*
l'Albana e il Sangiovese	— *wines of the Emilia Romagna region*
a volontà	— *as much as one wants*
il semifreddo	— *ice-cream cake*
sia . . . che	— *both . . . and*
far venire l'acquolina in bocca (a qualcuno)	— *to make someone's mouth water*

Come accettare o rifiutare un invito

Write a reply to the letter accepting or declining the invitation.

In your reply you may wish to make reference to all, or some, of the following points:

1 Your delight that everything went well at school.
2 Best of luck in the final year.
3 What is "l'esame di maturità" like?
4 What will he do about driving lessons?

You may find some of the following expressions useful for your reply:

Accept

Ti ringrazio infinitamente per il gentile invito . . .
Penso proprio di poter venire perché . . .
Potrei prendere due piccioni con una fava se . . .
Non vorrei abusare della tua ospitalità ma . . .
Salvo imprevisti potrò partire . . .
A meno che qualcosa non vada storto . . .
Trovo l'idea di . . .
Mi va a genio l'idea di . . .

Decline

Purtroppo non posso accettare il tuo gentile invito . . .
Anche se mi piacerebbe venire . . .
Se mi fosse stato possibile . . .
Mi è proprio impossibile venire perché . . .
Se l'avessi saputo prima . . .
Per una serie di contrattempi . . .

Vocabulary

prendere due piccioni con una fava	— to kill two birds with one stone
abusare di	— to take advantage of
salvo imprevisti	— circumstances permitting
a meno che . . . non	— unless
andare storto	— to go wrong
andare a genio	— to be to one's liking
il contrattempo	— hitch, setback

Forlì, 2 luglio

Caro Robert,
Come te la passi lassù in Inghilterra? Spero bene.
È un po' di tempo che non ci sentiamo per cui ho pensato
di scriverti le ultime novità.
Prima di tutto voglio dirti che la scuola è finita
e che tutto è andato bene. L'anno prossimo sarò in quinta e
dovrò quindi dare l'esame di maturità. Ma per il momento, non
ci voglio pensare. Preferisco piuttosto pensare al giorno del
mio compleanno perché, come saprai, questo è un giorno molto
importante per me. Compirò diciotto anni e potrò così,
prendere la patente di guida. Non vedo l'ora di guidare la macchina.

9

Piacenza, 5 ottobre

Cari amici,

eccomi di nuovo a casa. Sono arrivata dall'Inghilterra da solo tre giorni e ne sento già la nostalgia.

Sono rimasta entusiasta della famiglia che mi ha ospitato e della sua accoglienza. Sono stati veramente straordinari e sono riusciti a farmi sentire a mio agio come se facessi parte della loro famiglia.

All'inizio ho avuto alcune difficoltà. Quando sono arrivata, la mia prima impressione è stata: ma quanto sono strani questi inglesi! Ma poi vivendo insieme a loro, le loro abitudini non mi sono sembrate più tanto strane. Ad esempio, l'orario dei pasti era completamente diverso. Mi ritrovavo verso mezzogiorno o l'una superaffamata (abituata alle megaspaghettate italiane) e alle cinque, ora della cena in Inghilterra, ero senza appetito. Adesso le stesse difficoltà le ho qua: mi tocca aspettare fino alle otto per cenare.

Altra abitudine, che all'inizio non riuscivo a spiegarmi, era come potessero mangiare senza né vino né acqua, ma dopo aver bevuto le loro 5 o 6 tazze di tè o caffè al giorno ho capito il perché! Anche il pane mi è mancato un pò', ma poi ho visto che si poteva sostituire benissimo con le patate. Bisogna fare l'abitudine a tutto.

Mi raccomando, non fraintendetemi, non vi sto mica scrivendo un elenco di lamentele sull'Inghilterra. Vi faccio solo notare le diversità.

Un'altra cosa che mi domandavo era come facessero a vivere senza un balcone. Sarà perché a casa mia ce ne sono otto. Ma mi sembrava proprio strano vedere tutte quelle case senza neppure un balcone.

Janet, la figlia, mi ha promesso di venire in Italia l'estate prossima e questa volta toccherà a lei essere sorpresa. Scrivetemi presto. Vi penso sempre.

Affettuosamente,

Roberta

P.S. Scusate ma ero così presa dal raccontarvi le mie nuove esperienze che mi sono dimenticata di ringraziarvi sia da parte mia che da parte dei miei per avermi trovato la famiglia.

Vocabulary

sentire la nostalgia (di)	— to miss	mi tocca	— I have to
l'accoglienza	— welcome, reception	il perché	— the reason
sentirsi a proprio agio	— to feel at ease	mi raccomando	— please
all'inizio	— at the beginning	fraintendere	— to misunderstand
l'abitudine (f)	— habit, custom	mica	— certainly, at all
l'orario dei pasti	— meal times	l'elenco	— list
superaffamato	— famished	la lamentela	— complaint
abituato a	— used to	far notare	— to point out
le megaspaghettate	— huge quantities (mountains) of spaghetti	toccherà a lei (toccare)	— it will be her turn
		preso	— taken up, carried away

Richiesta di informazioni su abitudini/costumi

Write a reply to the letter and enquire about certain habits/customs that you would like to know more about.

In your reply you may wish to make reference to all, or some, of the following points:

1. Roberta's enjoyable stay despite some initial difficulties.
2. The delight of her host family.
3. The question of getting used to different customs.
4. Your feelings about her references to certain customs.
5. The danger of making generalisations.

You may find some of the following expressions useful for your reply:

Mi ha fatto piacere leggere che . . .
Sei piaciuta un sacco alla famiglia che ti ospitava perché . . .
Mi rendo conto che è difficile abituarsi a . . .
Mi immagino che sia difficile all'inizio ma . . .
E' sempre duro ambientarsi in un paese straniero, però . . .
C' è da dire però che non tutti gli inglesi sono uguali. Ti devo far notare infatti che . . .
Ma è proprio vero che vi abbuffate sempre tanto perché ho sentito dire che . . .
Mi sembra di aver letto da qualche parte che gli italiani . . .
Sei sicura di non esagerare quando parli . . .
Bisogna stare attenti a non generalizzare . . .
Fammi sapere di più riguardo a . . .
Muoio dalla voglia di saperne di più sulle abitudini italiane. Ad esempio . . .

Vocabulary

un sacco	— a great deal	far notare	— to point out
ospitare	— to accommodate, have as a guest	abbuffarsi	— to stuff oneself with food
rendersi conto	— to realise	sentire dire (che)	— to hear (that)
abituarsi (a)	— to get used to	da qualche parte	— somewhere
ambientarsi	— to get used to a place, — to get acclimatised	riguardo a	— regarding
		morire dalla voglia di	— to be dying to
uguale	— the same		

Trento, 23 aprile

Carissima Lisa,

è da un po' che non ci sentiamo ma spero proprio che sia tu che la tua famiglia stiate bene.

Ho una notizia sconvolgente da darti. Ti ricordi la mia ex-compagna di scuola, Elisabetta? L'hai conosciuta l'anno scorso qui da me e siamo uscite parecchie volte insieme. Lo sai, si è sposata? La cosa più incredibile però, è che lei ha voluto che io le facessi da testimone! Ero tutta impacciata quel giorno ma soprattutto ero preoccupata dal fatto di conoscere solo alcuni parenti della sposa. Comunque è andato tutto bene. La cerimonia è stata persino commovente. Non ti dico poi il pranzo. Ho mangiato per quattro, quasi sempre il bis per ogni portata e ce ne saranno state venti. Alla fine del pranzo gli sposi hanno distribuito i confetti a tutti gli invitati, usanza tipicamente italiana. I confetti in Italia non sono i minuscoli pezzetti di carta colorata che si gettano agli sposi in Inghilterra, ma mandorle zuccherate.

Finito il pranzo, abbiamo iniziato a suonare e a ballare. E' stato molto divertente, specialmente quando abbiamo convinto gli sposi a cantarci una canzone. Erano stonatissimi e, in più, essendo timidi, sono diventati entrambi paonazzi. Al termine della festa, gli sposi si sono trovati una bella sorpresa. Pensa che alcuni amici, senza farsi notare, durante il pranzo sono usciti dal ristorante e, trovata l'automobile della sposa, l'hanno avvolta di carta igienica e cosparsa di maionese. Non ti dico l'effetto! C'era proprio da mettersi le mani nei capelli! Non so quanto tempo abbiamo passato a rimetterla a posto. Fra qualche settimana andrò a trovarli per vedere come si sono sistemati. A proposito, penso che le farebbe molto piacere avere tue notizie.

Adesso ti lascio perché ho un mucchio di cose da fare. Ci sentiamo presto allora!

Un bacione,

Claudia

Vocabulary

sconvolgente	— upsetting	paonazzo	— bright red
parecchie	— several	farsi notare	— to draw attention to oneself
fare da testimone	— to act as a witness		
impacciato	— embarrassed	avvolgere (di)	— to wrap (in)
la sposa	— the bride	la carta igienica	— toilet paper
commovente	— moving	cospargere (di)	— to sprinkle (with)
il bis	— another helping	mettersi le mani nei capelli	— not to know which way to turn
la portata	— course		
l'usanza	— custom	rimettere a posto	— to tidy up again
minuscolo	— tiny	andare a trovare	— to go and see
gettare	— to throw	sistemarsi	— to settle down
le mandorle zuccherate	— sugared almonds	a proposito	— by the way
iniziare	— to begin	un mucchio di	— a load of
stonato	— flat, out of tune		

Come offrire le proprie congratulazioni

Write to Elisabetta congratulating her on her marriage.

In your reply you may wish to make reference to all, or some, of the following points:

1. You only discovered the news through Claudia.
2. Your delight that everything went well.
3. Your amusement at what happened after the ceremony.
4. You hope that Elisabetta saw the funny side of it.
5. This sort of thing often happens at weddings.
6. Refer to a recent wedding you attended.

You may find some of the following expressions useful for your reply:

Congratulazioni!/Complimenti!
Mi auguro che il tuo matrimonio sia . . .
Era ora che facessi il grande passo . . .
Sono venuta a sapere per caso che . . .
Ho saputo da Claudia che . . .
Mi ha fatto tanto piacere leggere che . . .
Mi sono spanciata dalle risate quando . . .
Sono morta dal ridere nel leggere che . . .
Spero che tu non te la sia presa troppo quando hai visto . . .
Ricordo che anch'io ho assistito a un episodio simile. Poco tempo fa . . .

Vocabulary

augurarsi	— *to hope, wish*
per caso	— *by chance*
era ora che	— *it was time that*
*spanciarsi dalle risate**	— *to split one's sides with laughter*
morire dal ridere	— *to die laughing*
prendersela	— *to be upset, annoyed*
assistere (a)	— *to be present at*

**very colloquial*

Perugia, 24 maggio

Cari Paula e David,

ho ricevuto circa una settimana fa la lettera nella quale mi ringraziate per l'ospitalità. E' stato veramente un piacere avervi qui a Pasqua anche perché non pensavo che sarebbe mai successo. Purtroppo però, come vi sarete accorti, non ho avuto la possibilità di dedicarmi completamente a voi per il lavoro che mi teneva parecchio occupata.

Che bello ricordare i momenti passati insieme a visitare l'Umbria, le nostre gite a Spoleto, Assisi, Todi, e le lunghe passeggiate per quei paesini che tanto avete apprezzato! Divertenti sono state anche le chiacchierate fino a notte inoltrata con i vicini che erano proprio interessati a conoscere il vostro giudizio sugli italiani e sulle loro abitudini.

Certo che una settimana è troppo breve per una vacanza in Italia. La prossima volta organizzatevi in modo da poter stare almeno una ventina di giorni. Mi sembra che ne valga la pena!

Nel frattempo non vorrei che riponeste il vostro italiano nel cassetto. Se siete interessati a riviste o libri non avete che da farmelo sapere. Sarei felicissima di spedirvi tutto l'occorrente per posta. Il vostro italiano mi ha sorpreso veramente, sarebbe un peccato dimenticarlo.

Spero di ricevere al più presto una vostra risposta e, per iniziare, vi mando un giornale sul quale hanno pubblicato alcune fotografie dei luoghi che abbiamo visitato insieme. Fa sempre piacere poter dire agli amici "noi siamo stati lì!"

Un caro abbraccio a tutti e due,

Fulvia

Vocabulary

succedere	— *to happen*	*almeno*	— *at least*
accorgersi	— *to realise*	*una ventina*	— *about twenty*
parecchio	— *rather*	*valere la pena di*	— *to be worth*
la gita	— *trip, excursion*	*nel frattempo*	— *meanwhile*
il paesino	— *little village*	*riporre nel cassetto*	— *to forget about*
apprezzare	— *to appreciate*	*spedire*	— *to send*
la chiacchierata	— *chat*	*tutto l'occorrente*	— *everything you need*
fino a notte inoltrata	— *far into the night*	*un peccato*	— *a pity*
il giudizio	— *opinion*		

Come chiedere un favore

Reply to the letter and say that you would very much like to receive some Italian material appropriate to your specific interests.

In your reply you may wish to make reference to all, or some, of the following points:

1   Your fond memories of your stay.
2   How your friend did more than you could possibly have hoped for in the circumstances.
3   Your regret at not being able to stay longer.
4   How pleased you were to receive the newspaper.
5   Your delight at her suggestion.
6   Offer to help out in a similar way.

You may find some of the following expressions useful for your reply:

Abbiamo sempre dei piacevoli ricordi delle vacanze . . .
Non ci dimenticheremo mai delle vacanze . . .
Non avresti potuto fare di più dato che . . .
Ci dispiace di non essere rimasti più a lungo, ma . . .
Ci ha fatto tanto piacere ricevere . . .
Saremmo molto grati se tu potessi . . .
Sarebbe un'idea geniale scambiare del materiale, in questo modo . . .
Basta farci sapere se ti può essere utile avere . . .
Anche noi possiamo spedirti . . .

Vocabulary

piacevole	— *pleasant*
più a lungo	— *longer, more*
grato	— *grateful*
un' idea geniale	— *a brilliant idea*
scambiare	— *to exchange*
bastare	— *to need only to, to be sufficient*

Alghero, 22 agosto

Cara Jane,

era tanto che aspettavo la tua lettera e oggi che finalmente mi è arrivata avrei preferito non riceverla. Che delusione! Ero così convinta che avresti trascorso le vacanze estive da noi!! Ma possibile che proprio alla vigilia della tua partenza dovesse saltare fuori quel lavoro come segretaria? Questa è proprio sfortuna nera! D'altra parte capisco che tu l'abbia accettato; certe occasioni capitano davvero così di rado. Ciò non toglie che io sia molto dispiaciuta. Penso che sia la stessa cosa per te.

Avevo già programmato una splendida vacanza: una quindicina di giorni a casa mia durante i quali avresti avuto modo di conoscere tutta la numerosa famiglia e gli amici: una settimana al mare da mia zia che sarebbe stata felicissima di ospitarci e per concludere in bellezza una settimana in montagna a campeggiare in mezzo ai boschi.

Anche la mamma era pronta a darti il benvenuto con una serie di piatti tipici italiani che sa preparare molto bene.

Va bene, visto che questa volta è andata buca, cerchiamo di combinare una breve vacanza per Natale o per Pasqua, le occasioni non ci mancano.

Dammi al più presto tue notizie e fammi sapere cosa ne pensi.

Buon lavoro!! Visto che proprio non se ne può fare a meno.

Un bacione,

Alessandra

Vocabulary

che delusione!	— *what a let down!*
trascorrere	— *to spend*
alla vigilia di	— *on the eve of*
saltare fuori	— *to crop up*
sfortuna nera	— *rotten luck*
capitare	— *to occur*
di rado	— *rarely*
togliere	— *to alter (the fact)*
dispiaciuto	— *upset*
programmare	— *to plan*
una quindicina di giorni	— *a fortnight*
avere modo di	— *to have the opportunity to*
concludere in bellezza	— *to round it off*
dare il benvenuto (a)	— *to welcome*
visto che	— *seeing that*
andare buca	— *to fall through*
combinare	— *to arrange*
fare a meno di (qualcosa)	— *to do/go without (something)*

Come chiedere scusa dando spiegazioni

Reply to the letter and apologise for any inconvenience caused. You may wish to explain more fully your reasons for your sudden change of mind.

In your reply you may wish to make reference to all, or some, of the following points:

1. You were very much looking forward to the holiday.
2. How the job came about and your reasons for accepting it.
3. Why you left it so late to write.
4. Your gratitude for the family's concern.
5. Apologise for letting everyone down when so much thought had been given to your visit.
6. The possibility of going at Christmas or Easter.
7. Explain briefly how the job went.

You may find some of the following expressions useful for your reply:

Non vedevo l'ora di venire ma . . .
Questo lavoro è arrivato talmente inaspettato che . . .
Siccome ero a secco/al verde/in bolletta . . .
Mi dispiace tantissimo di non aver risposto prima ma . . .
Ero così presa dal lavoro in ufficio che . . .
Ti sei fatta in quattro per . . .
Mi sento molto in imbarazzo visto che . . .
Chiedo scusa anche ai tuoi . . .
Mi farebbe tanto piacere venire a Natale/a Pasqua ma . . .
Non so se potrò venire a . . .
Per quanto riguarda il lavoro . . .

Vocabulary

non vedere l'ora di	— *to look forward to*
talmente	— *so*
inaspettato	— *unexpected*
essere a secco	
al verde } *	— *to be broke*
in bolletta	
preso	— *busy*
farsi in quattro (per)	— *to do one's utmost, bend over backwards (to)*
per quanto riguarda	— *as for*

*very colloquial

Alghero, 22 Agosto

Cara Jane,

era tanto che aspettavo la tua lettera e oggi che final=
mente mi è arrivata avrei preferito non riceverla. Che delusione!
Ero così convinta che avresti trascorso le vacanze estive da noi!!
Ma possibile che proprio alla vigilia della tua partenza dovesse sal=
tare fuori quel lavoro come segretaria? Questa è proprio sfortuna
nera! D'altra parte capisco che tu l'abbia accettato; certe occa=
sioni capitano davvero così di rado. Ciò non toglie che io sia
molto dispiaciuta. Penso che sia la stessa cosa per te.
    Avevo già programmato una splendida vacanza: una
quindicina di giorni a casa mia durante i quali avresti avuto modo

La Spezia, 17 febbraio

Carissimi George e Mary,

scusate se ho tardato a scrivervi ma mi è stato impossibile farmi viva, ero troppo presa dai miei problemi.

In effetti è stato un periodo assai duro per tutta quanta la famiglia. Il nonno, purtroppo, ci ha lasciati dopo tante sofferenze e tre mesi di degenza in ospedale. Era stato colpito da un'embolia cerebrale e da allora le sue condizioni erano andate sempre peggiorando. L'ultimo mese poi la malattia gli aveva mutato completamente fisionomia ed il corpo gli si era paralizzato poco per volta. Nonostante fossimo preparati all'eventualità della sua morte non ci è stato facile reagire e non ci è tuttora a due mesi dalla sua scomparsa. Era così buono e saggio che non si poteva fare a meno di essergli molto attaccati. Sulle prime abbiamo temuto molto anche per la salute della nonna. Avevamo paura che non riuscisse a superare un dolore così profondo, ma grazie alla sua gran fede ed alla forza di volontà è riuscita a venirne fuori ed ora si sta riprendendo lentamente. L'unica cosa che consola tutti quanti è che il nonno ha finito di soffrire. Non potevamo augurarci che continuasse a vivere in tali condizioni.

Scusate se non ve l'ho fatto sapere prima, ma a caldo non riuscivo proprio a parlarne. Speriamo di risentirci in un momento migliore.

Tanti saluti da parte di tutta la famiglia.

Marina

Vocabulary

tardare a	— to delay in
farsi vivo	— to write, to turn up
preso da	— taken up with
in effetti	— in fact
assai	— very
tutta quanta la famiglia	— the entire family
la degenza	— stay in hospital
un'embolia cerebrale	— blood clot on the brain
peggiorare	— to worsen
la malattia	— illness
mutare	— to change
nonostante	— despite
tuttora	— still
la scomparsa	— death
saggio	— wise
non poter fare a meno di	— to be unable to help (doing something)
sulle prime	— at first
temere	— to fear
superare	— to overcome
il dolore	— grief
la forza di volontà	— willpower
riprendersi	— to recover
augurarsi	— to hope, wish
tale	— such
a caldo	— at the time, just after the event

Come offrire le proprie condoglianze

Write a reply to the letter offering the family your sincere condolences.

In your reply you may wish to make reference to all, or some, of the following points:

1 Your feelings on receiving the news.
2 Your unawareness of his serious condition.
3 The difficulties of overcoming the loss of one so close, despite the inevitability of it all.
4 Your relief that the grandmother is showing signs of getting over her grief.
5 How you coped with a similar bereavement in your family.

You may find some of the following expressions useful for your reply:

Vi mandiamo le nostre più sentite condoglianze ...
Partecipiamo profondamente al vostro dolore ...
La notizia della sua scomparsa ci ha profondamente addolorati ...
Siamo rimasti molto colpiti nel leggere ...
Non sapevamo che le condizioni del nonno fossero ...
Non avremmo pensato che ...
Ci rendiamo conto che è molto difficile accettare serenamente la perdita di ...
Possiamo immaginare quanto abbiate sofferto con ...
Anche se la sua scomparsa era inevitabile ...
E' un gran sollievo sapere che ...
Meno male che la nonna sta reagendo alla nuova situazione ...
Quando ho dovuto far fronte a ...

Vocabulary

sentito	— sincere, heartfelt
partecipare a	— to share in
profondamente	— deeply
addolorare	— to grieve, sadden
rimanere colpito	— to be shocked
rendersi conto	— to realise
serenamente	— calmly
la perdita	— loss
il sollievo	— grief
meno male	— thank goodness
reagire	— to react
far fronte a	— to face up to

Taormina, 28 luglio

Cari Paul e Caroline,

a quanto pare ce l'ho fatta a venire in Sicilia. Sono arrivata una settimana fa dopo aver fatto un terribile viaggio aereo. Figuratevi che appena entrata nella sala di attesa ho saputo che l'aereo avrebbe avuto due ore di ritardo a causa di un guasto ai motori. A questo punto mi sono seduta cercando in qualche modo di ammazzare il tempo; per fortuna avevo un libro a portata di mano, così un po' leggendo e un po' chiacchierando con Marco le ore di attesa sono passate in fretta. Per Marco, che vorrebbe sempre che tutto filasse liscio, è stato un viaggio massacrante! E' stato molto bello però quando all'aeroporto di Catania i nostri amici ci sono venuti incontro e ci hanno accompagnati alla pensione. Ma le nostre disavventure non erano ancora finite perché, appena entrati in camera, Marco si è buttato sul letto sfondando la rete metallica. Fortunatamente glielo hanno subito sostituito. Non avrebbe sopportato l'idea di dormire per terra tanto era sfinito.

Comunque, a parte questi inconvenienti la vacanza procede per il meglio. Le nostre giornate sono molto intense. Al mattino andiamo al mare con tutti gli altri e in genere facciamo un giro in barca. Nel pomeriggio alcuni giocano a pallavolo ed altri provano ad andare in wind-surf. Per quel che mi riguarda, dopo le fatiche della mattinata, ne ho abbastanza e, quando posso, preferisco stendermi al sole. Fa veramente un caldo da morire, capirete quindi perché preferisco starmene sdraiata! Alla sera ci ritroviamo sulla spiaggia per delle favolose grigliate oppure andiamo in una delle tante discoteche di Taormina. Per farla breve, non perdiamo occasione per fare cose che di solito, nella vita frenetica di tutti i giorni, non possiamo fare.

E lì da voi, ve la passate bene? Siamo proprio curiosi di sapere cosa avete programmato di eccitante per quest'estate.

Un caro abbraccio

Nadia e Marco

Vocabulary

a quanto pare	— *as you can see*	*in genere*	— *generally*
farcela	— *to manage*	*giocare a pallavolo*	— *to play volley ball*
figuratevi (figurarsi)	— *just imagine*	*per quel che mi*	— *as far as I am*
un guasto ai motori	— *engine failure*	*riguarda*	*concerned*
ammazzare il tempo	— *to kill time*	*la fatica*	— *exertion*
a portata di mano	— *close at hand*	*fare un caldo da*	— *to be terribly hot*
chiacchierare	— *to chat*	*morire*	
in fretta	— *quickly*	*starsene sdraiato*	— *to lie*
filare liscio	— *to go smoothly*	*(al sole)*	*(in the sun)*
massacrante	— *exhausting*	*ritrovarsi*	— *to meet up again*
venire incontro (a)	— *to meet*	*la grigliata*	— *barbecue*
la pensione	— *guest house*	*farla breve*	— *to cut a long story*
la disavventura	— *mishap*		*short*
buttarsi	— *to throw oneself*	*frenetico*	— *frantic*
la rete metallica	— *bedframe*	*passarsela*	— *to get along*
sfinito	— *exhausted*	*programmare*	— *to plan*
procedere per il	— *to go well*	*eccitante*	— *exciting*
meglio			

Descrizione di una vacanza

Reply to the letter and tell your friends about your most recent holiday.

In your reply you may wish to make reference to all, or some of the following points:

1 Your reaction to their journey.
2 Your own feelings about travelling during peak times.
3 Your surprise at Mark's reaction.
4 The incident in the guest house.
5 The fact that your friends made the most of their holiday.

You may find some of the following expressions useful for your reply:

In piena estate c'è da aspettarsi che ci siano ritardi dato che ...
Nel caso ci siano ritardi non si può fare altro che ...
Anche a noi sono successe cose del genere. Infatti, l'anno scorso ...
Pazienza! Queste cose succedono a tutti ...
Ci pare strano che Marco abbia reagito così dato che di solito ...
Come mai Marco ha reagito così, in genere ...
Devo ammettere che mi è scappato da ridere quando ho letto della rete ...
Dev'essere stata la goccia che ha fatto traboccare il vaso quando ...
Anche se c'è stato un brutto inizio ...
Anche se le vacanze sono cominciate male ...
Quanto alle nostre vacanze, non è andato tutto liscio. Tanto per cominciare ...
Invece per noi è andato tutto liscio come l'olio ...

Vocabulary

in piena estate	— *in the height of summer*
c'è da aspettarsi	— *it is to be expected*
non fare altro che	— *to do nothing but*
pazienza!	— *never mind!*
come mai	— *how is it that, how come*
in genere	— *as a rule, generally*
mi è scappato da ridere	— *I couldn't help laughing*
è la goccia che fa traboccare il vaso	— *it's the last straw*
quanto a	— *as for*
andare liscio	— *to go smoothly*
tanto per cominciare	— *to begin with*
andare liscio come l'olio	— *to go off smoothly*

Milano, 11-6-85.

Caro John,

finalmente è finita. Anche per quest'anno l'Università è chiusa e quindi possiamo cominciare a pensare alle vacanze. Per festeggiare la fine di questo terribile anno io e alcuni amici abbiamo deciso di andare assieme al mare. L'idea è di andare quindici giorni in Sardegna.

Qui va tutto abbastanza bene tranne forse per il fatto che temo di non essere riuscito neppure quest'anno a passare il "First Certificate". Proprio ieri sono andato a dare la prova orale ed è stata quest'ultima, credo, a fregarmi. Come sai, spesso mostrano una foto da commentare; e a me ne hanno mostrata una in cui c'era un tempio greco. Puoi immaginare che razza di cavolate io sia riuscito a sparare! Un po' perché non sapevo alcuni vocaboli fondamentali, come ad esempio, colonne, capitello, frontone ecc., un po' perché non sapevo proprio cosa dire, così ho fatto praticamente scena muta.

La prof., per darmi una mano, ha allora pensato bene di farmi una domanda supplementare. La domanda che mi ha lasciato letteralmente di sasso è stata questa: "Perché le signore anziane in Italia non portano i pantaloni?" Subito mi è venuto in mente di rispondere: "Perché hanno buon gusto." Ma poi, proprio in quel momento, ho notato che lei indossava un paio di terribili pantaloni a quadri e non si poteva certo dire ben vestita. Ho quindi cercato di cavarmela dicendo che le donne italiane non sono molto emancipate e quindi sono solitamente vestite in modo tradizionale, ma non credo che il mio discorso l'abbia molto convinta.

Comunque, il fatto di avere passato l'esame o no, non è poi di importanza vitale. Non starò certo lì a suicidarmi. Certo, avere in mano quel pezzo di carta potrebbe essermi utile per un futuro lavoro, ma penso però che l'importante sia conoscere l'inglese e non avere il "First Certificate".

Ora devo lasciarti perché si è fatto veramente tardi e mi si stanno chiudendo gli occhi. Fatti vivo presto e salutami anche i tuoi.

Ciao,

Carlo

P.S. Se ti capita di passare per l'Italia in uno dei tuoi giri l'estate prossima, non dimenticare di telefonarmi.

Vocabulary

festeggiare	— to celebrate	*venire in mente*	— to occur to someone, cross someone's mind
assieme	— together		
tranne	— except	*anziano*	— elderly
la prova orale	— the oral exam	*avere buon gusto*	— to have good taste
fregare*	— to catch out	*indossare*	— to wear, to have on
un tempio	— a temple	*a quadri*	— check
sparare una razza di cavolate*	— to come out with a load of rubbish	*cavarsela**	— to get out of it
		solitamente	— usually
il vocabolo	— word	*farsi tardi*	— to get late
il capitello	— capital	*farsi vivo*	— to write, call, to turn up
il frontone	— pediment	*se ti capita di*	— if you happen to . . .
fare scena muta	— to be tongue tied		
dare una mano (a qualcuno)	— to lend a hand, help out		
lasciare qualcuno di sasso	— to leave someone dumbfounded, speechless	**very colloquial*	

Raccontare un aneddoto

Write a reply to the letter and relate an event which has happened to you, to a member of the family, or to a friend. It need not of course be on the topic of examinations.

In your reply you may wish to make reference to all, or some, of the following points:

1 The holiday in Sardinia.
2 Was the year at university so bad?
3 What happens if you don't pass?
4 The stress and tension of exams.
5 Your initial reaction to Carlo's experience.
6 How pleased you were that he took it all so philosophically.
7 Your opinion about the importance of exams.

You may find some of the following expressions useful for your reply:

Spero che ti sia divertito in Sardegna perché dopo un anno così pesante ...
Ti sei proprio meritato un po' di vacanza visto che ...
E' stato veramente un anno così impegnativo ...
Se per caso non passi l'esame cosa ...
Sarai costretto a ridare l'esame se ...
Sotto molti aspetti il periodo degli esami è sempre massacrante. Prima di tutto ...
Sono scoppiato a ridere quando ho letto ...
Non ho potuto trattenermi dal ridere quando ...
Non sembra tanto ridicolo sul momento ma ripensandoci ...
Sono contento che tu l'abbia preso con filosofia altrimenti ...
Attualmente (non) penso che gli esami ...
Quanto agli esami, ...

Vocabulary

pesante	— *hard*	*scoppiare a ridere*	— *to burst out laughing*
meritare	— *to deserve*	*trattenersi dal ridere*	— *to keep, restrain*
impegnativo	— *demanding*		*oneself from laughing*
per caso	— *by chance*	*sul momento*	— *at first*
essere costretto a (costringere)	— *to be compelled to*	*altrimenti*	— *otherwise*
ridare un esame	— *to retake an exam*	*attualmente*	— *at the present time*
sotto molti aspetti	— *in many respects*	*quanto a*	— *as for*
massacrante	— *exhausting*		

23

Ravenna, 13 agosto

Caro Michael,

ti scrivo per raccontarti le ultime notizie. Come ben sai è da un po' di tempo che penso di smettere di insegnare ginnastica. Non ne posso più di lavorare saltuariamente in una piscina, in una palestra e così via. Mi poteva andare bene finché ero studente, ma ora non me la sento più. D'altra parte, visto che entrare nella scuola statale, per lo meno dove abito, è molto difficile, non mi va di impegnare tutte le mie energie nello studiare per un concorso che non mi dà la certezza di un lavoro.

Quindi sto pensando di lasciare perdere completamente tutte le attività che seguo, per orientarmi verso un altro lavoro. Vorrei sfruttare il diploma di maturità industriale che ho conseguito cinque anni fa e, per di più, ho voglia di riprendere l'inglese, visto che una conoscenza migliore di questa lingua non può che tornarmi utile.

Sono ancora un po' incerto sulla decisione da prendere, ma non mi mancano né la voglia né l'entusiasmo.

Mi piacerebbe molto sapere cosa ne pensi e soprattutto se hai qualche consiglio da darmi. Rispondimi presto.

Ciao,

Maurizio

Vocabulary

smettere (di)	— *to stop*
non poterne più (di)	— *to have had enough*
saltuariamente	— *sporadically*
la palestra	— *gymnasium*
e così via	— *and so on*
sentirsela	— *to feel like*
per lo meno	— *at least*
non mi va di	— *I don't feel like*
un concorso	— *a competitive exam*
lasciare perdere	— *to drop*
orientarsi (verso)	— *to explore the possibilities (of)*
sfruttare	— *to exploit*
conseguire	— *to obtain*
per di più	— *furthermore*
avere voglia di	— *to feel like*
tornare utile	— *to be useful*

Come dare qualche consiglio

Write a reply to the letter advising Maurizio what you would do if faced with a similar predicament. Your advice, therefore, may be of a positive or negative nature.

In your reply you may wish to make reference to all, or some, of the following points:

1 Maurizio's dissatisfaction with his present job.
2 Has he considered fully the consequences of such a decision.
3 His future plans and the job prospects in Italy for young people.
4 What you would do in his situation given the present economic climate.
5 You would like to be informed of his final decision.
6 What does he mean by "concorso".

You may find some of the following expressions useful for your reply:

Mi pare che tu ne abbia le tasche piene di . . .
Mi sembra che tu ne abbia fin sopra i capelli di . . .
In fondo è un lavoro che non offre molte prospettive altrimenti . . .
Sei sicuro di averci pensato su abbastanza, se no . . .
Hai un'idea di quello che potresti fare nel caso che decidessi di . . .
Hai già qualcosa in mente per . . .
Quali sono le prospettive di lavoro . . .
Se stesse a me decidere . . .
Se fossi nei tuoi panni . . .
Visto come stanno le cose adesso . . .
Muoio dalla curiosità di sapere . . .
Ci tengo molto a sapere . . .
Non ho capito bene che cosa intendi dire per . . .

Vocabulary

averne le tasche piene di*	— to be fed up with
averne fin sopra i capelli di	— to be sick to death of
in fondo	— all things considered
una prospettiva	— a prospect
se stesse (stare) a me	— if it were up to me
essere nei panni di qualcuno	— to be in someone's shoes
tenerci molto a	— to be keen to

*very colloquial

Ravenna, 13 agosto.

Caro Michael,
ti scrivo per raccontarti le ultime notizie. Come ben sai è da un po' di tempo che penso di smettere di insegnare ginnastica. Non ne posso più di lavorare saltuariamente in una piscina, in una palestra e così via. Mi poteva andare bene finché ero studente, ma ora non me la sento più. D'altra parte, visto che entrare nella scuola statale, per lo meno dove abito, è molto difficile, non mi va di impegnare tutte le mie energie nello studiare per un concorso che non mi dà la certezza di un lavoro.

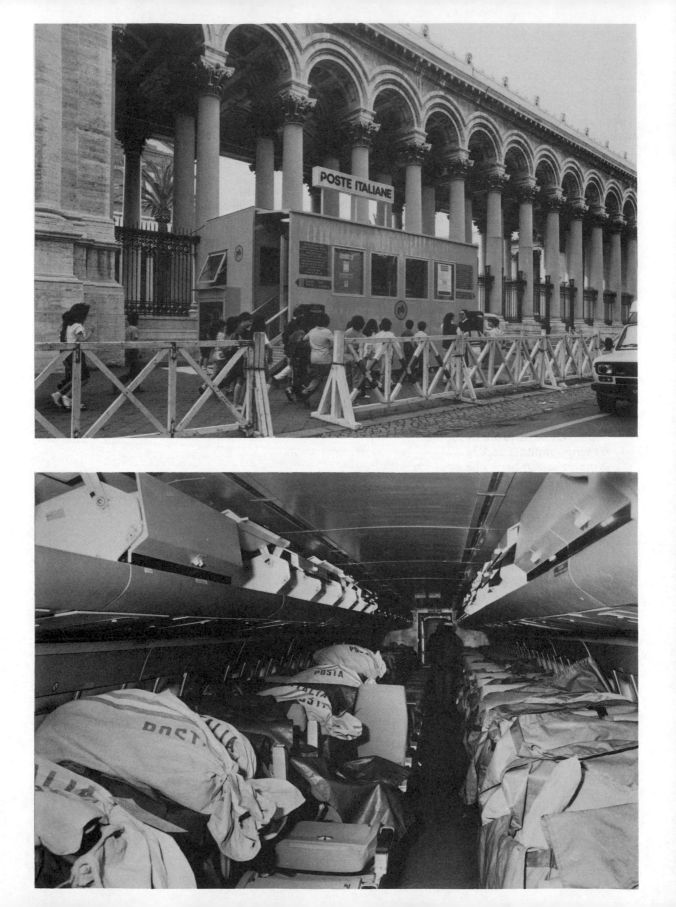

Part 2   Formal letters

In Part 1 you have encountered the kind of friendly letter between friends or relatives that you are likely to write most often. However, you may also need to write a more formal kind of letter to someone you do not know or with whom you are only slightly acquainted. This type of letter will more often than not involve holiday or travel plans, but there are a number of other possibilities, and the style and layout are somewhat different from those of the informal letters.

In a formal letter you will not be concerned with establishing a friendly contact with the person to whom you are writing. Your letter has a job to do, to give information and to ask for a service. You should write in a very direct, straightforward way and state concisely what you require, while maintaining the formality of language and lay-out that politeness demands. It is important that your letter should be as clear and as easy to read as possible, for it will probably be read by someone who is very busy and who has therefore very little time to devote to every letter.

Since formal correspondence would, most often, be initiated by you, in Part 2 the units contain two model letters and students are then asked to write a similar letter. As in Part 1 help in the form of vocabulary and useful words and phrases is given. The first section explains how you should set out your letter and gives some common abbreviations which you may encounter in formal letters.

The letters in Part 2 are designed to be of assistance to students preparing for examinations which include the writing of formal letters, and also to adults who wish to write simple formal letters to Italy. They are not intended for commercial courses, although they may prove useful in the early stages of such studies.

N.B.Since *"tu"* is only used between close friends, it will obviously never occur in a formal letter.

Letter format

If the letter is not written on headed notepaper, the address of the sender is usually written after the signature.

At the top right hand corner write the town and the date. At the top left hand corner write the full name and address of the person to whom the letter is being written. Abbreviations may be used. Do not forget the postcode e.g.

Newcastle, 7 luglio 19--

Egr. Sig. Andrea Rossi
Piazza Kennedy 139
64100 TERAMO
Italia

When writing to a person who is not a friend or relative, the letter should start as in the following examples:

Egregio Signore, /Egregio Signor Bianchi,
Gentile Signora, /Gentile Signora Mazzini,
Gentilissima Professoressa,

and the pronoun Lei should be used. Abbreviations should not be used here. It is important to address the person by their correct title, but it is not necessary to use their surname. New paragraphs should not be indented.

When writing to a firm or association, the letter should start as in the following examples:

Spettabile Segretaria,
Spettabile Direzione,

and the pronoun Voi should be used.

N.B. Capitals are generally used for the various forms of the pronouns Lei and Voi e.g. La prego; la Sua lettera; una Vostra lettera. However nowadays usage varies, and in practice some firms now use small letters for these pronouns.

At the end of the letter the most common closing expression is:

Distinti saluti.

but this expression has a number of variations e.g.

Distintamente./Molto distintamente./La saluto distintamente.
Le invio distinti saluti./Con i miei più distinti saluti.
Con i (miei) migliori saluti.
La prego di gradire i miei migliori saluti.
Cordiali saluti.
Le porgo i più cordiali saluti.

For a very formal letter the following terms are sometimes used:

Chiarissimo Dottore,   Con ossequio.

If a reply is required the following expressions may be preferred:

In attesa di un Suo cenno di risposta Le porgo i più distinti saluti.
Rimanendo in attesa di un Suo cortese riscontro, porgo distinti saluti.
La ringrazio della Sua sollecita risposta, e Le porgo i miei più distinti saluti.

Some common abbreviations

You may encounter some of the following abbreviations in letters from Italy:

gen.	*gennaio*	*January*
feb.	*febbraio*	*February*
mar.	*marzo*	*March*
apr.	*aprile*	*April*
mag.	*maggio*	*May*
giu.	*giugno*	*June*
lu., lug.	*luglio*	*July*
ago.	*agosto*	*August*
sett.	*settembre*	*September*
ott.	*ottobre*	*October*
no.	*novembre*	*November*
dic.	*dicembre*	*December*
lun., l.	*lunedì*	*Monday*
mar., mart.	*martedì*	*Tuesday*
mer., merc.	*mercoledì*	*Wednesday*
gio., giov.	*giovedì*	*Thursday*
ven., v.	*venerdì*	*Friday*
sab., s.	*sabato*	*Saturday*
dom.	*domenica*	*Sunday*
Ecc.	*Eccellenza*	*Excellency (ambassador, minister)*
Egr. Sig. –	*Egregio Signor –*	*Dear Mr –*
Egr. Dott., Dr. –	*Egregio Dottor –*	*Dear Doctor –*
Egr. Prof. –	*Egregio Professor –*	*Dear Professor – (Teacher)*
Egr. Ing. –	*Egregio Ingegner –*	*(Dear Engineer –)*
Gent. Sig.ra –	*Gentile Signora –*	*Dear Mrs –*
Gent. Prof.ssa –	*Gentile Professoressa –*	*Dear Professor – (Teacher), (f)*
Gent.ma Sig.na –	*Gentilissima Signorina –*	*Dear Miss –*
all.	*allegato*	*Enclosed*
c.	*circa*	*approximately*
c.m., m.c.	*corrente mese*	*inst., the present month*
F.lli	*Fratelli*	*Brothers*
Lit.	*Lire italiane*	*Italian lire*
L.st.	*Lira sterlina*	*Pound sterling*
mitt.	*mittente*	*Sender*
N.B.	*Nota bene*	*N.B.*
ns.	*nostro, nostra*	*our, ours*
pag., p.	*pagina*	*page*
p.es, p.c.	*per esempio*	*e.g., for example*
P.T.	*Poste e Telegrafi*	*Post and Telegraph Service*
R., racc.	*Raccomanadata*	*Registered Post*
Spett.	*Spettabile*	*Honourable*
u.s.	*ultimo scorso*	*ult. last (month)*
v.	*vedi*	*q.v., which see*
Vs.	*Vostro, Vostra*	*your, yours*

Sunderland, 9 novembre 19--

Italian State Tourist Office
Information and Publicity Dept.
1 Princes Street
London W1R 8AY

Spettabile Direzione,

vi saremmo grati se voleste cortesemente inviarci alcuni opuscoli di Firenze e Siena, unitamente ad alcuni indirizzi di pensioni e di alberghi.

Avremmo intenzione di visitare queste due città l'estate prossima, possibilmente nel mese di luglio.

Distinti Saluti

Mr & Mrs T. Brown
2, Whicham Place
Sunderland SO1 4LR
Inghilterra

Manchester, 24 sett. 19--

Spett. Servizio Documentazione
e Biblioteca
Via Leopardi 12
30100 VENEZIA
Italia

Spettabile Direzione,

ho l'intenzione di accompagnare un gruppo di studenti in Italia l'estate prossima. Desideriamo fare una visita a una vetreria di Venezia nel mese di luglio.

Vi sarei molto grato se voleste inviarmi alcuni indirizzi di ditte che sarebbero disposte ad accettare un gruppo di 20 allievi da 12 a 16 anni, unitamente ai prezzi da loro praticati per una tale visita.

In attesa di una Vs. cortese risposta, Vi porgo i più distinti saluti.

Mr Ray Fowler
190 Long Avenue
New York
Stati Uniti

Vocabulary

un opuscolo	— a brochure	una vetreria	— a glass factory
unitamente a	— together with	una ditta	— a firm
un indirizzo	— an address	essere disposto a	— to be willing to
una pensione	— a guest house	un allievo	— a pupil
un albergo	— a hotel	i prezzi	— the prices
aver intenzione di	— to intend	praticati (pl)	— charged
nel mese di	— in the month of	una tale visita	— such a visit

Richiesta d'informazioni

Read the letter in this unit, and the letter format and abbreviations sections, before following the instructions set out below:

Write to the Italian State Tourist Board, 1 Princes Street, London W1R 8AY, asking for some brochures and posters on Rome and Assisi. Ask if there are any other addresses which might provide you with more information about these towns, which you are studying in class.

Some helpful words and phrases

Siamo un gruppo di . . . studenti
Impariamo a scuola l'italiano e desideriamo sapere di più su . . .
Ci interessiamo soprattutto di . . .
Vi chiediamo gentilmente di mandarci . . .
che potrebbe fornirci di informazioni ulteriori . . .

Vocabulary

un gruppo di	*— a group of*
imparare	*— to learn*
sapere di più su	*— to know more about*
interessarsi di	*— to be interested in*
soprattutto	*— above all*
chiedere	*— to ask, to request*
gentilmente	*— kindly*
mandare	*— to send*
fornire di	*— to provide with, to supply with*
l'informazione (f)	*— information*
ulteriore	*— further*

Brighton, 5 dicembre 19--

Egr. Sig. Direttore
Albergo O'VIV
Via Marziale, 43
63030 Acquaviva Picena (Ap.)
Italia

Egregio Signor Direttore,

verrò in Italia insieme con la mia famiglia nel mese di luglio. Un mio amico mi ha consigliato di passare almeno 15 giorni nelle Marche per potermi godere il panorama.

Gradirei conoscere quali condizioni mi potrebbe offrire per un soggiorno di 15 giorni nel Suo albergo. Mia moglie ed i miei figli gemelli di 10 anni mi accompagnerebbero.

Avremmo intenzione di arrivare il 14 luglio e di ripartire il 28 di mattina. Quali sono i prezzi da Lei praticati per una camera matrimoniale ed una a due letti , con bagno o doccia, pensione completa, comprese le tasse ed il servizio?

In attesa di un Suo cortese riscontro, Le porgo i miei più distinti saluti.

Mr Tom Brown
20 Hastings View
Brighton B23 3ZE
Inghilterra

Edinburgh, 6 gennaio 19--

Spett.le Direzione
Albergo Miralago
37016 Garda
Italia

Spettabile Direzione,

Desidero riservare una camera singola con doccia per una settimana dal primo all'otto giugno compreso dell'anno venturo.

Prima di confermare la prenotazione Vi sarei grato se poteste farmi sapere i Vostri prezzi, per pensione completa e per mezza pensione, compreso servizio e tasse.

Rimanendo in attesa di una Vostra cortese risposta, Vi invio i più distinti saluti.

Mr Matthew Jones
17 Princes Square
Edinburgh
Gran Bretagna

Prenotazione

Vocabulary

consigliare di	— *to advise*	*pensione completa*	— *full board*
passare	— *to spend (of time)*	*compreso*	— *including, inclusive*
almeno	— *at least*	*le tasse*	— *the taxes*
godersi	— *to enjoy*	*il servizio*	— *the service*
gradirei	— *I would like*		
un soggiorno	— *a stay*	*riservare*	— *to reserve*
i gemelli (m)	— *the twins*	*una camera singola*	— *a single room*
una camera matrimoniale	— *a double room*	*l'anno venturo*	— *next year*
una camera a due letti	— *a twin-bedded room*	*prima di*	— *before*
con bagno	— *with bath*	*confermare*	— *to confirm*
con doccia	— *with shower*	*mezza pensione*	— *half-board*

Read the letters in this unit, and the letter format and abbreviations sections, before following the instructions set out below:

A neighbour and friend of the family, Mr John Stone, has asked you to write to an Italian hotel for him. He wishes to go to Sorrento for 2 weeks from the 18th July to the 1st August next year, and would like a single room with private bath, sea view and half board. He wants to know the price of such a room at that time of year, as well as how much deposit he will have to pay, and when the remainder will become payable. You have to ask if he can pay directly through his bank, or whether the hotel prefers some other method of payment. Make up Mr Stone's address and write to: Egr. Direttore, Hotel Bellavista, 80067 Sorrento.

Some helpful words and phrases

Scrivo per conto del Signor . . .
che desidera venire a . . .
per un periodo di 15 giorni dal . . . al . . .
Vorrebbe . . . con bagno privato, vista sul mare . . .
Gradirebbe conoscere il prezzo di una tale camera durante il periodo estivo, il deposito necessario . . .
come pure la data in cui il saldo sarà pagabile . . .
un pagamento tramite la banca . . .
consiglierebbe qualche altro metodo di pagamento . . .

Vocabulary

per conto di	— *for, on behalf of*	*come pure*	— *as well as*
un periodo di	— *a period of*	*la data*	— *the date*
vorrebbe	— *he would like*	*in cui*	— *on which*
con bagno privato	— *with private bath*	*il saldo*	— *the remainder*
vista sul mare	— *sea view*	*pagabile*	— *payable*
gradirebbe	— *he would like*	*tramite*	— *through*
una tale camera	— *such a room*	*consigliare*	— *to advise*
il periodo estivo	— *the summer period*	*consiglierebbe*	— *would you advise a method of payment*
il deposito	— *the deposit*	*un metodo*	
necessario	— *necessary*	*di pagamento*	

O'VIV

albergare al castello

Acquaviva Picena li 16/12/198

Egregio Sig.BROWN,

in risposta alla Sua del 5 dicembre c.a.,
desidero ringraziarla vivamente per la scelta che lei ha voluto fare verso il nostro Hotel.
Questi è stato ricavato da un vecchio maniero medioevale, ris-
trutturato e fornito di tutti i migliori servizi moderni.
Questo è certamente il posto ideale per potersi godere il bel
panorama,il clima mite e la tranquillità della Regione Marche.
Abbiamo ancora a disposizione, per Lei e la Sua famigla, una
camera matrimoniale ed una a due letti come da Lei richiesto.
Includo: il relativo listino prezzi per i vari periodi dell'anno, il depliant dell'Hotel ed uno di AcqavivaPicena.
In attesa di una Sua gradita risposta,pregaSi inviare a prenotazione e conferma,una caparra d'acconto per il periodo da Lei
indicato e per la quale riceverà prontamente debita ricevuta.
Colgo l'occasione per porgere a Lei e alla Sua famiglia i miei
più distinti saluti.

Il Direttore

Piero Cinciripini

albergo ristorante o'viv - via marziale, 43 - 63030 acquaviva picena (ap) - tel. 0735/66349

codice fiscale e partita IVA n. 01000650448

Author's note: As this is an original letter, mistakes have not been corrected.

Conferma prenotazione

Edinburgh, 18 gennaio, 19--

Egr. Sig. Podestà
Albergo Miralago
37016 GARDA
Italia

Egregio Signore,

La ringrazio della Sua lettera del 10 gennaio con allegato il listino prezzi. Desidero confermare la prenotazione di una camera singola con doccia ai prezzi indicati per pensione completa.

Spero di arrivare il primo giugno intorno alle 8 di sera. La ringrazio e Le invio distinti saluti.

Matthew Jones
17 Princes Square
Edinburgh E21 4GH
Gran Bretagna

Vocabulary

con allegato	— *with enclosed*	*sperare di*	— *to hope to*
il listino prezzi	— *the price list*	*intorno a*	— *at about*

As soon as you have received details about the prices charged by the hotel of your choice you will wish to confirm your reservation. Read the letter above in which Mr Jones confirms his reservation in Garda. Then pretend you are Mr Brown, who has just received the letter on the opposite page from the Albergo O'Viv. Here is some vocabulary to help you to read the letter:

Vocabulary

In risposta	— *in reply to*	*fornito di*	— *supplied with*
alla Sua	— *to your (letter)*	*il clima mite*	— *the mild climate*
c.a. anno corrente	— *this year*	*a disposizione*	— *available*
la scelta	— *the choice*	*Includo*	— *I enclose*
Questi	— *the latter*	*una caparra*	— *a deposit*
ricavato da	— *made from*	*d'acconto*	— *on account*
un maniero	— *a manor house*	*per la quale*	— *for which*
medioevale	— *medieval*	*debita ricevuta*	— *due receipt*
ristrutturato	— *restructured, modernised*		

Write to Sig. Cinciripini at the address given on the letter and confirm your reservation of a double room and a twin-bedded room, each with shower. Tell him you will arrive on the 14th July at about 6 o'clock in the evening. You should find the letter on this page of assistance, and also the following:

Some helpful words and phrases

Vorrei confermare . . .
entrambi con doccia privata . . .
Arriveremo il . . .
verso le . . .

Newcastle, 16 novembre 19--

Signor A. Bianchi
Albergo Stellina
Via Boracelli 7
00100 ROMA
Italia

Egregio Signor Bianchi,

con riferimento alla mia lettera del 20 ottobre u.s., e alla Sua del 7 m.c., La prego di scusarmi se Le chiedo di cambiare i particolari della ns. visita. Non ci è stato possibile prenotare i posti sull' aereo per il 5 agosto. Abbiamo deciso di venire invece col treno. Questo significa che non arriveremo prima del *6 agosto* verso le ore *19.00*.

Desidero dunque cambiare la prenotazione delle 3 camere a due letti, e rimanere a Roma dal 6 al 20 agosto.

Sono spiacente del disturbo. Restando in attesa di una Sua risposta a riguardo, Le porgo i miei più distinti saluti.

Andrew James
16, Belleview Drive
Newcastle upon Tyne NE3 7LS
Inghilterra

Cleveland, 9 novembre 19--

Signora Fracasso
Hotel Miramare
64011 Alba Adriatica
Italia

Gentile Signora,

facendo seguito alla mia prenotazione di una camera matrimoniale e di una camera singola ai prezzi da Lei indicati per una settimana dal 10 al 17 giugno, Le chiedo se Le sarebbe possibile prenotare per noi una camera a due letti invece della camera singola per lo stesso periodo. Mia figlia mi ha chiesto se un'amica avrebbe potuto accompagnarci.

In attesa di una Sua cortese risposta, Le invio i miei più distinti saluti.

Adam Smith
172 Seventh Avenue
Cleveland
Ohio
Stati Uniti

Richiesta di cambiare particolari di una prenotazione

Vocabulary

chiedere di	— to ask	essere spiacente	— to be sorry
con riferimento a	— with reference to	il disturbo	— the trouble
i particolari	— the details	a riguardo	— about this
i posti	— the places		
invece	— instead	facendo seguito a	— with reference to
significare	— to mean	accompagnare	— to accompany
prima	— before	lo stesso periodo	— the same period
dunque	— therefore		

Read the letters in this unit, and refer to the letter format and abbreviations sections, before following the instructions set out below.

Your family friend, Mr John Stone, has received a letter confirming his booking in Sorrento, but now he has decided to get married and to transform the holiday into a honeymoon. He has therefore asked you to write to the manager of the hotel thanking him for his letter, and asking him if it would be possible to change the booking – a single room with private bath and sea view, to a double room with the same facilities. The dates would be the same – 18th July to 1st August. Write to Sig. A.F. Forlani, Hotel Bellavista, 80067 Sorrento, Italia.

Some helpful words and phrases

Scrivo di nuovo per conto del Signor . . .
che ha ricevuto . . .
Vorrebbe sapere se fosse possibile . . .
una camera matrimoniale con gli stessi requisiti . . .
Il cambiamento è dovuto a una lieta notizia . . .
Il Signore si sposa quest'estate . . .
Desidera trasformare la semplice vacanza in una luna di miele.
Gli sposi arriverebbero il . . . cioè la stessa data di prima.
Ritornerebbero ugualmente il . . .
Spero che Le sia possibile essere d'aiuto . . .

Vocabulary

di nuovo	— again	quest'estate	— this summer
ricevere	— to receive	trasformare	— to transform
un requisito	— a requirement	semplice	— simple
il cambiamento	— the change	una luna di miele	— a honeymoon
essere dovuto a	— to be due to	gli sposi	— the newly weds
una notizia	— a piece of news	stesso	— same
lieto	— happy	ugualmente	— just the same
sposarsi	— to get married	essere d'aiuto	— to be of help

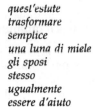

37

Newcastle upon Tyne, 4 gen. 19--

Egr. Sig. Merlini
Hotel Principe Palace
Montesilvano Spiaggia
65100 PESCARA
Italia

Egregio Signor Merlini,

sono studentessa di lingue (francese e italiano) all'Università di Leeds, Inghilterra, e sto cercando un lavoro per le vacanze di quest'estate. Vorrei sapere se mi potesse offrire un lavoro. Ho 19 anni ed ho già visitato l'Italia 5 volte. Sono stata a Roma, a Venezia ed anche due volte a Pescara con i miei genitori in vacanza. L'anno scorso ero a Firenze dove ho frequentato un corso d'italiano.

Una nostra amica, la Signora North, di Newcastle upon Tyne, soggiorna spesso al Suo albergo, e mi ha detto che Lei impiega di tanto in tanto stranieri durante il periodo estivo. Eventualmente potrei iniziare a lavorare il primo luglio fino a metà settembre. Gradirei conoscere quali condizioni mi potrebbe offrire.

In attesa di una Sua cortese risposta, La prego di gradire i miei più distinti saluti.

Miss Anne Roland
32 Portland Terrace
Newcastle upon Tyne
Inghilterra

Washington, 4 aprile 19--

Spett.le Direzione
Scuola Italiana Sci
37018 Malcesine
Italia

Egregio Signor Direttore,

ho l'intenzione di venire a sciare in Italia a Natale, ma vorrei anche lavorare durante quel periodo. Ho già il certificato di maestro di sci, ottenuto il 7 dicembre dell'anno scorso. Rimetto in allegato una fotocopia di tale certificato.

Ho 23 anni, sono studente, e parlo italiano, francese, inglese e un po' di tedesco. Potrei venire il 6 gennaio per due mesi, e sarei grato se mi potesse indicare se sarà possibile offrirmi un lavoro durante questo periodo, e le condizioni di un tale lavoro.

In attesa di una Sua risposta La saluto distintamente.

Allen Blake
13 West Avenue
Washington

Domanda di lavoro

Vocabulary

frequentare	— *to attend*	*il certificato*	— *the certificate*
impiegare	— *to employ*	*il maestro di sci*	— *the ski instructor*
di tanto in tanto	— *now and then*	*ottenere*	— *to obtain*
il periodo estivo	— *the summer period*	*Rimetto in allegato*	— *I enclose*
fino a	— *until*	*una fotocopia*	— *a photocopy*
metà settembre	— *mid September*	*indicare*	— *to tell*
sciare	— *to ski*		

Read the letters in this unit, and the letter format and abbreviations sections, before following the instructions set out below:

A friend has told you that the Famiglia Di Antonio, Via G. Leopardi, 12, 10121 Torino, is looking for some help over the summer. They are willing to offer accommodation and some pocket money to a 17/18 year old who is willing to give their own child Franco(a) some help with English conversation. You are not able to offer an exchange as your parents are frequently away on business, but you are able to pay for your own fare to Turin. Write a letter explaining that you study Italian at school and would welcome the opportunity to stay with an Italian family. In return you would be very willing to speak with their boy/girl in English. Explain what examinations you have already taken, and give some indication of your hobbies.

Some helpful words and phrases

Se offrite alloggio e abbastanza denaro per le piccole spese a . . .
Siete disposti a fare questo in cambio delle lezioni di . . .
Vorrei tanto venire in Italia . . .
Purtroppo non potrei offrire uno scambio di ospitalità dato che . . .
I miei viaggiano per affari . . .
Sono spesso fuori casa . . .
Sarei tanto contento(a) d'avere la possibiltà di andare . . .
Un paese che incanta tanti turisti . . .
Per ripagare la Vs. gentile ospitalità sarei lieto(a) di . . .
Sono stato(a) promosso(a) in . . .
La mia materia preferita è . . .
Ho l'intenzione di studiare . . .
Nel mio tempo libero . . .
M'interesso di . . .

Vocabulary

alloggio	— *accommodation*
il denaro per le piccole spese	— *pocket money*
in cambio di	— *in exchange for*
uno scambio	— *an exchange*
l'ospitalità (f)	— *hospitality*
dato che	— *since*
viaggiare per affari	— *to travel on business*
fuori casa	— *away from home*
avere la possibiltà di	— *to have the opportunity to*
incantare	— *to enchant*
essere promosso(a)	— *to pass (an examination)*
la materia	— *the subject*
il tempo libero	— *free time*

THE JOHN GLENN HIGH SCHOOL, 11th Avenue, Minneapolis, Minnesota

Minneapolis, 21.5.19--

Prof.ssa Maria Scarto
Liceo Linguistico Santa Lucia
Via Santa Lucia 7
80100 Napoli
Italia

Gentile Professoressa,

ricevo oggi la Sua lettera del 6 corrente e La ringrazio molto per quanto Lei fa per i miei allievi. Si sono già messi in contatto con le famiglie che sono disposte ad ospitarli nel mese di luglio.

Immagino che non Le è stato facile trovare queste famiglie in quanto molte avevano già fatto il programma estivo.

RingraziandoLa ancora vivamente, La prego di gradire i miei migliori saluti ed auguri per il Suo lavoro.

Janet Richardson

Blackpool, 10 settembre 19--

Signora Ponti
Via M. Aurelio 12
63039 San Benedetto del Tronto
Italia

Gentilissima Signora,

sono di nuovo a casa e sento il dovere di ringraziarLa per la cena veramente squisita che Lei ha preparato per la mia famiglia la sera prima del nostro ritorno in Inghilterra.

Spero di ricambiare in qualche modo la Sua gentilezza in un prossimo futuro. La ringrazio anche per la Sua offerta di ospitalità per l'anno venturo. Le scriverò di nuovo appena i nostri progetti per l'anno prossimo saranno più definiti.

In attesa La prego di gradire i nostri più fervidi saluti.

John Dobson

Vocabulary

per quanto Lei fa	*— for all you do*	*in qualche modo*	*— in some way*
mettersi in contatto	*— to get into contact*	*la gentilezza*	*— the kindness*
ospitare	*— to accommodate*	*un prossimo futuro*	*— the near future*
il programma estivo	*— the summer plans*	*l'ospitalità*	*— the hospitality*
		l'anno venturo	*— next year*
di ritorno	*— on (my) return*	*di nuovo*	*— again*
la cena	*— the evening meal*	*appena*	*— as soon as*
squisito	*— exquisite*	*i progetti*	*— the plans*
ricambiare	*— to repay (hospitality)*	*definito*	*— precise*

Lettera di ringraziamento

Read the letters in this unit, and refer to the letter format and abbreviations sections, before following the instructions set out below:

You got a job with the Famiglia Di Antonio, Via G. Leopardi 12, 10121 Torino, Italia, and enjoyed your month's stay very much. Your room was beautifully furnished, the meals were excellent, and the family also took you around the city of Turin and the surrounding district so that you got a very good impression of that area of Italy. You have now returned home. Write to the family, thanking them for their hospitality, and for their kind invitation to visit them again next year. Tell them you will get in touch again as soon as you know what your plans for next year will be. Explain that you hope Franco(a)'s English will be seen to have improved now he/she is back at school.

Some helpful words and phrases

Dopo un viaggio di . . . ore/giorni, sono finalmente a . . .
Di ritorno a casa, sento il bisogno di scriverVi per ringraziarVi di cuore . . .
Mi ricordo con affetto la Vostra famiglia e . . .
La mia camera bella ammobiliata . . .
I pasti eccellenti . . .
Durante il mese da Voi ho potuto vedere Torino ed i dintorni . . .
Non vedo l'ora di . . .
Vorrei tanto accettare la Vostra gentile offerta di . . .
Mi metterò in contatto con . . .
Appena sarò sicuro (a) dei miei progetti per l'anno venturo . . .
Spero che Franco(a) possa dimostrare a scuola un miglioramento nella lingua parlata . . .

Vocabulary

sentire il bisogno	— to feel a need	non vedo l'ora di	— I cannot wait
di cuore	— most sincerely	l'offerta	— the offer
ricordarsi	— to remember	appena	— as soon as
con affetto	— with affection	essere sicuro(a)	— to be sure
ammobiliato	— furnished	l'anno venturo	— next year
un pasto	— a meal	dimostrare	— to show
i dintorni	— the surrounding district	un miglioramento	— an improvement

41

Roma, 2 luglio 19--

Egr. Direttore
Ristorante l'Aragosta
Via Dante Alighieri 11
00100 Roma

Egregio Direttore,

ho mangiato altre volte al Suo ristorante ed ho sempre trovato il cibo ottimo. Ho deciso di venire di nuovo ieri sera con mia moglie per festeggiare il nostro anniversario di matrimonio.

Mi dispiace tanto dover raccontarLe che abbiamo provato un'amara delusione. Gli spaghetti erano troppo cotti – altro che al dente! Il pollo alla cacciatora sembrava bollito da 3 giorni tanto aveva perso il sapore. Ci siamo lamentati del fatto con il cameriere che ci ha guardato in una maniera insolente, spiegandoci che non c'era nulla da fare e che tutti gli altri clienti erano contentissimi. Certamente non volevamo disturbare gli altri clienti – due innamorati ed una coppia straniera – ma mi sono domandato ciò che loro pensavano del pane e del formaggio che non erano niente affatto freschi.

Due cose soltanto erano buone – un bel fiasco di Chianti che non si può mai rovinare, ed un'insalata di pomodori condita proprio come si deve.

A meno che non ci sia una buona spiegazione, Le assicuro che non ritornerò mai più al Suo ristorante.

Distinti saluti.

Luigi Mazzini
Via del Santo Spirito 2
00100 Roma

Vocabulary

altre volte	— at other times	una maniera	— a way/manner
il cibo	— the food	insolente	— insolent
ottimo	— excellent, the best	nulla da fare	— nothing to be done
festeggiare	— to celebrate	gli innamorati	— a couple in love
l'anniversario	— the anniversary	una coppia	— a couple
raccontare	— to tell	fresco (freschi)	— fresh
amaro	— bitter	soltanto	— only
una delusione	— a disappointment	un fiasco	— a flask/bottle
troppo cotto	— overcooked	rovinare	— to ruin
altro che	— far from	condito	— dressed (of salad)
al dente	— underdone	come si deve	— as it should be
pollo alla cacciatora	— chicken cacciatore	a meno che	— unless
il sapore	— the taste	una spiegazione	— an explanation
lamentarsi	— to complain	assicurare	— to assure

Lettera per inoltrare un reclamo

Read the letter in this unit, and refer to the letter format and abbreviations sections before following the instructions set out below:

During a trip to Lake Garda, you decide to take advantage of an excursion to Venice organised by a local travel agency. Although expensive, the trip promises to be memorable – sightseeing in the morning by gondola, followed by a 4 course meal in a good restaurant, and an afternoon visit to a glass factory, where you will be able to buy glass souvenirs for your relatives at home. Unfortunately the gondoliers are on strike, the 4 course meal is not up to the usual high standard of Italian cuisine, and the prices in the glass factory are so high that you could buy the articles cheaper in England. Write and complain to the manager: Agenzia Viaggi Pezzaloni, Via Roma XI, 37018 Malcesine, Lago di Garda.

Some helpful words and phrases

È raro che mi senta spinto(a) ad inoltrare un reclamo...
Attirato dal manifesto pubblicitario nella vetrina della Sua agenzia ed anche
dal depliant illustrativo...
Appena arrivati a Piazza San Marco...
C'era una manifestazione di gondolieri...
Facevano lo sciopero perché le autorità volevano prezzi fissi...
I gondolieri, a quanto pare, volevano prezzi di concorrenza...
Le grida dei gondolieri si sentivano anche dentro la basilica di...
Dopo una mattina faticosa e rumorosa eravamo pronti...
Che delusione!
Il pranzo al Ristorante Fabio non corrispose all'aspettativa...
Gli spaghetti erano stracotti...
La bistecca era minuscola...
gli spinaci erano freddi...
Solo l'aperitivo ed il Frascati che avevo pagati a parte erano buoni...
Al pomeriggio la visita alla vetreria è stata interessante ma...
Volevo comprare alcuni articoli di vetro per...
Uno sguardo ai prezzi mi ha fatto rinunciare al mio desiderio...
Avrei potuto comprare articoli uguali per un prezzo più basso in...

Vocabulary

essere spinto a	— to be moved to	stracotto	— overcooked
il manifesto	— the poster	minuscolo	— tiny
il depliant	— the brochure	gli spinaci	— spinach
appena	— as soon as	l'aperitivo	— the aperitif
una manifestazione	— a demonstration	la vetreria	— the glass factory
lo sciopero	— the strike	uno sguardo a	— a look at
le autorità	— the authorities	rinunciare	— to renounce
prezzi fissi	— fixed prices	il desiderio	— the wish
mantenere	— to maintain	uguale	— similar
di concorrenza	— competitive	basso	— low
il grido	— the shout		
dentro	— within, inside		
faticoso	— tiring		
rumoroso	— noisy		
che delusione!	— what a disappointment		
non corrispose	— it fell short of expectations		
all'aspettativa			

Preston, 28 feb., 19--

Gent. Prof.ssa Angela Sartorio
Istituto Tecnico Commerciale
Via Ghiberti 14
41100 Modena
Italia

Gentilissima Professoressa Sartorio,

La prego di scusarmi se solo oggi rispondo alla Sua gentile lettera del 21 gennaio nella quale mi chiedeva di far compilare i moduli dagli allievi che desiderano venire in Italia.

Gli studenti stavano preparando gli esami finali e non venivano alle lezioni. Dovevo andare a cercarli e poi aspettare finché tutti i moduli fossero compilati. Rimetto in allegato tutti i moduli da Lei mandati.

Le chiedo di nuovo scusa ed, in attesa di un Suo cortese riscontro, ringrazio e porgo distinti saluti.

Yvonne Ward

Liverpool, 2 novembre 19--

Egr. Dott. Rossi
Via S. Liberatore, 29
00100 Roma
Italia

Chiarissimo Dottore,

scrivo per offrire le mie scuse in quanto non ho potuto presentarmi alla visita di controllo il 20 ottobre. Purtroppo ho dovuto anticipare la mia partenza per l'Inghilterra.

Mi scuso per l'eventuale disturbo recato, e La ringrazio per la Sua gentilezza a mio riguardo.

Con ossequio.

Robert Anthony
17 Church Street
Liverpool LS1 3UV
Inghilterra

Vocabulary

nella quale	— in which	anticipare	— to put forward
compilare	— to fill	la partenza	— the departure
il modulo	— the form	la visita di controllo	— the check-up
finché	— until	il disturbo recato	— the inconvenience caused
chiedere scusa	— to apologize		

Lettera di scusa

Read the letters in this unit, and refer to the letter format and abbreviations sections, before following the instructions set out below:

After returning home from a holiday in Italy, you find you have accidentally brought back with you the key to your hotel room in Rimini. Write a letter to the manager apologizing and telling him that you are returning the key to him in a separate parcel. Here is the address: Sig. M. Fellini, Hotel Diana, 47037 Rimini, Italia.

Some helpful words and phrases

Di ritorno a casa . . .
ho scoperto di aver riportato per sbaglio la chiave della camera numero . . .
Le spedisco in plico a parte . . .
La prego di scusare questa mia svista . . .

Vocabulary

scoprire	*— to discover*	*spedire*	*— to send*
per sbaglio	*— by mistake*	*in plico a parte*	*— by separate post*
la chiave	*— the key*	*una svista*	*— an oversight*

Londra, 20 settembre 19--

Egregio Signor Fabbri
Albergo Caterina
Via Cavour 12
00050 Ostia Antica
Italia

Egregio Signore,

ho passato due settimane nel Suo albergo dal 10 al 24 agosto con mia moglie e due figlie. E' stata davvero una vacanza indimenticabile.

Purtroppo adesso che mia figlia è ritornata a scuola si è accorta di aver lasciato nell'albergo un suo libro, I Malavoglia di Giovanni Verga. Vorrei sapere se Lei ha per caso ritrovato questo libro nella camera No. 17.

In caso positivo gradirei sapere se potesse cortesemente spedirmelo per posta. Allego un vaglia postale per Lit. 6.000 e se costasse di più Le manderò immediatamente il saldo.

Le chiedo scusa del disturbo e Le porgo i miei più distinti saluti.

Mr Harold Harker
21 Landsdowne Crescent
London W1
Inghilterra

Corbridge, 30 agosto 19--

Ufficio Oggetti Smarriti
Via Santa Teresa 8
16100 Genova
Italia

Spettabile Direzione,

durante un viaggio recente in Italia ho perso una valigia di effetti personali il 20 luglio alla stazione ferroviaria di Genova.

Si tratta di una valigia di cuoio, di color marrone, con etichetta su cui c'è scritto il mio indirizzo. Oltre agli indumenti da donna contiene anche un libretto degli assegni ed un diario in cui ho segnato gli indirizzi di amici incontrati in vacanza. Anche questo porta il mio nome e indirizzo.

Rimanendo in attesa di un Vs. riscontro, Vi porgo distinti saluti.

Miss Patricia Hall
11 Dene View
Corbridge
Northumberland

Lettera per denunciare uno oggetto smarrito

Vocabulary

indimenticabile	— *unforgettable*	*gli effetti personali*	— *personal effects*
purtroppo	— *unfortunately*	*si tratta di*	— *it concerns*
maggiore	— *older*	*cuoio*	— *leather*
accorgersi	— *to notice*	*un'etichetta*	— *a label*
per caso	— *by chance*	*oltre a*	— *apart from*
in caso positivo	— *if yes,*	*gli indumenti*	— *the clothes*
un vaglia postale	— *a postal order*	*un libretto degli assegni*	— *a cheque book*
il saldo	— *the remainder*	*un diario*	— *a diary*

Read the letters in this unit, and refer to the letter format and abbreviations sections, before following the instruction set out below:

You have lost your watch. After considering carefully when you believe you were last wearing it, you think you may have dropped it in the restaurant where you ate yesterday evening. You have now travelled a long way from the restaurant. Write to the manager, telling him when you visited the restaurant, where you sat, and describing your watch, explaining that it had a faulty strap and could have dropped off your wrist somewhere in the restaurant. Ask the manager to send the watch to you, postage due, if he finds it.

Your address: J. Allen
Hotel Stellina
20100 Milano

The restaurant: Ristorante Cavour
Via Cavour 76
50125 Firenze

Some helpful words and phrases

Ieri sera ho mangiato al Suo ottimo ristorante . . .
Credo di aver perso il mio orologio . . .
un orologio d'oro, da uomo/donna . . .
Sul retro c'erano incise le mie iniziali . . .
Purtroppo il cinturino era difettoso . . .
Sono sicuro di averto guardato alle ore . . .
Volevo sapere se un tale orologio fosse stato trovato . . .
In caso di sì, La prego gentilmente di mandarmelo segnatasse . . .

Vocabulary

ottimo	— *excellent, the best*	*incidere*	— *to engrave*
smarrire (smarrito)	— *to lose (lost)*	*le iniziali*	— *the initials*
l'orologio	— *the watch*	*il cinturino*	— *the (watch) strap*
d'oro	— *gold*	*difettoso*	— *faulty*
da uomo/donna	— *man's/lady's*	*essere sicuro*	— *to be sure*
il retro	— *the back*	*segnatasse*	— *postage due*